POMMERN

OSTPOMMERNS KÜSTE
IN 144 BILDERN

OSTPOMMERNS KÜSTE
IN 144 BILDERN

HERAUSGEGEBEN
VON KARL HEINZ GEHRMANN

19 59

VERLAG GERHARD RAUTENBERG · LEER (OSTFRIESLAND)

Das Umschlagbild zeigt die Autofähre „Pommern" auf der Ostswine. — Buhnen an der pommerschen Ostseeküste (Seite 2). — Eiserner Schmuck an der Domtür in Kolberg (Seite 5). — Cordula-Schrein aus dem Domschatz von Cammin (Seite 11).

Die Aufnahmen in diesem Buch:

Deutscher Kunstverlag: Seite 23 oben, Seite 33 (Mariendom, innen), Seite 59 oben, Seite 64 oben. — Hans-Jürgen Dorbritz: Seite 76 unten. — Erich Fischer: Seite 25 unten rechts, 53 oben. — Dr. Gewande: Umschlagbild, Seite 2, 5, 12 (Leuchtturm), 14 unten, 16, 17 oben, 20, 21 oben, 22 (Cammin, Dom), 23 unten rechts, 24 oben links, 25 oben und unten links, 26 oben, 29, 30, 31, 32 (Mariendom), 35, 40 oben, 41 oben (Belgard, Rathaus), 42 unten, 43, 44, 45 oben, 47 unten (Funkenhagen, Leuchtturm), 48, 49, 54, 55, 56, 57, 63 (Birkenweg), 69 (Lauenburg, Markt), 70, 72, 73, 77 (Alter Schäfer), 78, 79, 80. — Paul Gibbat: Seite 17 unten, 19 Mitte. — Hans Hartz: Seite 13, 34 oben, 36 Mitte, 38 oben, 50 oben, 51, 52 Mitte (Köslin, Hindenburgplatz). — Utta Ingermann: Seite 39. — Paul W. John: Seite 14 oben (Fischer auf der Brücke), 23 unten links, 28 Mitte, 45 unten, 74 oben. — Max Löhrich: Seite 11 unten (Cordula-Schrein), 46 unten, 74 unten. — Plan und Karte: Seite 26 unten (Treptow), 40 unten, 41 unten, 50 unten, 71 oben. — M. O. Roseck: Seite 66 unten. — Schöning & Co.: Seite 15, 18, 19 oben und unten, 21 unten, 24 unten, 27, 28 oben und unten, 34 Mitte und unten, 36 oben und unten, 37, 38 unten (Kolberg, Ostmole), 42 oben, 46 oben und Mitte, 47 oben, 52 oben und unten, 53 unten, 58, 59 unten, 60, 61 oben, 64 unten, 66 oben, 67, 71 Mitte und unten. — Walter Schröder: Seite 65 (Stolp, Marienkirche), 68 oben. — Marion Schweitzer-Hecht: Seite 75. — Katharina Schultz: Seite 76 oben. — Vogelsang: Seite 61 unten. — Ullstein: Seite 62 (Wanderdüne), 68 unten. Die Karte im vorderen Umschlagdeckel und das Wappen auf Seite 3 zeichnete Ursula Decker.

Aus technischen Gründen können auf den Bildseiten die Seitenzahlen nicht angegeben werden. Als Anhaltspunkte sind in den vorstehenden Zeilen hinter den Seitenzahlen verschiedentlich die Bildbeschreibungen angegeben. Dieses Verzeichnis befindet sich auf Seite 4, das Ende der Einleitung auf Seite 11, Beginn der Bilderseiten Seite 12.

© Alle Rechte beim Verlag Gerhard Rautenberg, Leer (Ostfriesland)
Gesamtherstellung: Druckerei Gerhard Rautenberg, Leer (Ostfriesland)
Klischees: Chemigraphische Kunstanstalt Dr. Siegfried Toeche-Mittler, Berlin SW 68
Printed in Germany

Es ist schon ein eigenartiges Stück Erde, das hier auf diesen Seiten durchwandert wird. Dabei ist „eigenartig" nicht nur im Sinne des Absonderlichen, des Ungewöhnlichen zu verstehen. Wohl fehlen auch diese Züge nicht — ja, gerade der für das Elementare empfängliche Betrachter wird sie in einigen Gebieten besonders eindrucksvoll finden. Er wird die Sandberge, Moore und Heidebreiten im Osten des Landes nicht als wüst und leer bezeichnen: er wird gerade jene urwüchsigen, nicht zivilisierten Landschaftsformen erhaben nennen, weil sie Sinnbilder des Zeitlosen sind, dessen, was den Menschen überdauert, was sich seinem Zugriff entzieht. Sie werden als das Beständige in der Erscheinungen Flucht empfunden, und sie sind dabei doch selbst die zur Form geronnene Bewegung der Kräfte in ihrem Widerstreit.

Dies Miteinander von Dauer und Verwandlung erscheint kaum irgendwo deutlicher als im pommerschen Küstenland. Hoch am Abfall der Steilküste ragt das letzte noch verbliebene Stück der Kirche zu Hoff. Als sie erbaut wurde, stand sie noch eine gute Viertelstunde Weges von der Küste entfernt. Um diese Viertelstunde Weges hat sich die See inzwischen vorgekämpft — Jahr für Jahr schlägt sie das Land zurück, zerbricht sie die Mauer, dringt sie in das Allerheiligste des Menschen ein. Weiter im Osten schickt der Seewind die Dünen auf die Wanderung: sie sind der Sand, den das Meer wieder hergibt. Er läßt Haffe verlanden, er arbeitet sich ins Land hinein, er zerbricht Wälder und gibt sie, verdorrt, nach langer Zeit wieder frei, er ist unterwegs — in Jahrhunderten wohl eine Viertel=

stunde Weges. Was Wunder, daß die Kirchenruine zu Hoff und die Dünen vom Leba= und Garder=
see für den Menschen zu Sinnbildern dieses Küstenlandes wurden?

∗

Jede Landschaft birgt im Grunde den verschwenderischen Reichtum der Welt, in der wir leben;
und so gibt es auch viele Arten, sie darzustellen, und keine, die ihr ganz gerecht wird. Der Geologe
spricht von Grund= und End=, von Stau= und Aufschüttungsmoränen, von seewärts gerichteten
Abdachungen, von Urstromtalsystemen und diluvialen Schmelzwässern und noch vielem anderem,
gegen das sich nichts einwenden läßt, und meint damit just das Stück Erde, das hier in zwölf mal
zwölf Bildern vorgestellt werden soll: Ostpommern.

Wer eine Landschaft beschreibt, will zugleich sachkundig beweisen, daß es sich um eine solche
handelt: er ermittelt das Gemeinsame im Mannigfaltigen. Und dies Gemeinsame mag nun in der
Natur oder der Geschichte, d. h. in dem, was die Menschen vorfanden und in dem, was sie daraus
gemacht haben, erkennbar sein. Jedenfalls ist „Landschaft" mehr als die Summe vieler für sich be=
schreibbarer, aneinander grenzender Teile. Sie umschließt auch die Beziehungen des Menschen zu
dem Stück Erde, das er nicht nur *bewohnt*, sondern auf dem und durch das er *lebt*. Sie ist nicht nur
seine räumliche Umwelt, sondern die Mitte seiner Welt. Sie spiegelt darum auch das Lebensgefühl
des Menschen wider, ihr Bild wird zugleich zum Sinnbild. Nicht von ungefähr soll hier die Bild=
kunst des Pommern Caspar David Friedrich erwähnt werden, der die Landschaft seiner Heimat als
Ausdruck eines gläubigen Weltgefühls vorstellte. Und was wir heute unter der Heimat als der
Lebenslandschaft des Menschen verstehen, ist ohne diesen romantischen Beziehungsreichtum nicht
denkbar. Der Begriff „Heimat" soll, in seiner heutigen Bedeutung, das Geistige mit dem Gegen=
ständlichen, das Zeitlose mit dem Täglichen verbinden.

Darum ist die unwirtliche Küste ebenso in die Lebenswelt Pommerns eingefügt wie die Rathäuser
und Kirchen der Städte, in denen sich seine und seiner Bewohner Geschichte repräsentiert. Die
Werkanlagen und Fernstraßen gehören dazu wie die Schienenstränge und die Schiffe vor der Reede
— die technischen Errungenschaften genauso wie die letzten Geheimnisse der Natur, die sich gegen
die Zivilisation behaupteten, Gebiete, in denen sich die lichten, schwebenden Farben des Nordens
mit den schweren und deutlich verhaltenen des Ostens mischen, und wo ein Maler wie Max Pech=
stein die Erfüllung seines Schaffens fand. Zu dieser Lebenswelt aber gehört auch das alte Herzogs=
schloß dazu wie die letzte Fischerkate am Dorfrand, die Strandpromenade der ‚großen Welt' wie
die Gasse, in der das Vaterhaus stand — auch und gerade wenn sie nicht die Prachtstraße der Hei=
matstadt ist. Die eitlen Schwäne im Schloßpark sind nicht wichtiger als die Bauernenten im Teich,
der gotische Kreuzgang nicht anders ein kunstvolles Detail dieser Landschaft als die Molen und
Buhnen, als die feinmaschigen Fischernetze am Ufer.

Festliches und Werktägliches ist zusammen in den Kranz des Lebens gebunden. Dome und Burgen,
das weite Geviert der Märkte, Tore und barocke Bürgerhäuser, Klöster und Herrensitze zeugen für
die Geschichte des Landes und der Gemeinwesen; Segel und Wimpel, Rosengärten und blitzende
Fontänen, Brandung im Sonnenglast und das bunte Gewoge am Badestrand bringen die be=
schwingte und lebensfrohe Farbe ins Bild. Fischerkutter und der Fang in den Netzen, Mühlen am

Hügel und Schäfer mit ihren Herden, Wochenmärkte und Gasthäuser, Läden und Käufer, Eilige und Müßige — all das sind die Zeichen des Geschäftigen und des Liebgewohnten, Dokumentation der persönlichen Lebenssphäre, die in die geschichtliche eingefügt ist.

Darum wird die Welt im großen, werden die vielen Umwelten im kleinen Bezirk ins Bild gehoben, nach ihrem Bestande ausgemessen und nach ihrer geschichtlichen Tiefe hin ausgelotet; so wird die Gegenwart aus dem Vergangenen erkannt, das Vergangene aber wiederum vergegenwärtigt. Es ergibt sich daraus das Bild der ostpommerschen Küstenlandschaft, wie wir sie erlebten: ein Zustand, der zugleich Übergang ist; ein Augenblick im Wandel der Zeitalter und doch Abbild dessen, was dauert. Von diesem Vertrauen in die Beständigkeit mochten auch diejenigen beseelt gewesen sein, die einmal die Kirche von Hoff erbauten, deren Ruine heute für die Ostpommern zum Sinnbild der Landschaft geworden ist, die ihnen das einzig Feste in der Flüchtigkeit ihres Lebens bedeutet.

So läßt sich dieser Teil Pommerns, das wurde schon eingangs gesagt, nicht auf die Merkmale un= gezähmter Natur festlegen. Will man das Typische ermitteln, so überwiegen sogar die intimen Bilder: die beschaulichen, gar betulichen; da behauptet sich das Solide, das Werkgerechte und Wohlanständige gegenüber dem Enormen; das Gutmütige, das Brave, ja auch das Respektable gegenüber dem Furchterregenden. Es ist alles in allem viel mehr Kultur= als Naturlandschaft in diesen Breiten zwischen dem Oderhaff und der Kaschubei. Mit Axt und Pflug, Kelle und Winkel= maß hatten die Siedler und die Alteingesessenen es hier bestimmt schwerer als anderswo in ge= segneten Gegenden, in denen nicht der Sturm vom Meer die leichte Erde mehrmals im Jahre davon= trägt, in denen der Frost nicht oft bis Pfingsten die Saat hartfrieren und im heißen Sommer ver= dorren läßt. Es gehört schon der bärbeißige Lebensmut pommerscher Landedelleute dazu, in einem Lande leben zu wollen — gerne leben zu wollen, dessen Klima nur „Sauen, der Uradel und der Kiefernspanner" aushalten.

*

Nun — Sturm und Frost, Sand und Meer waren Feinde genug, die es ständig abzuwehren galt. Nicht geringer sind die Gewalten der Geschichte anzusetzen, die das Land bedrängten.

Vom Glanz und Elend seiner Vergangenheit war dem in behäbigem Frieden daliegenden Lande zwischen Oder und Weichsel in dem letzten Jahrhundert wohl nicht mehr viel anzumerken. Pom= mern, so wurde einmal treffend gesagt, hat einen breiten Rücken zum Binnenland — sein Gesicht ist meerwärts gewandt. So wurde ihm dann auch der Kampf um das Meer zum Schicksal, im Guten wie im Bösen. Immer wieder — das Kinderlied vom abgebrannten Pommerland kündet davon — zerstörten die apokalyptischen Reiter das Land. Ihre Pferde griffen mit ihren Hufen besser in bestellte Erde als in steinige Wildnis, sie fraßen lieber den gelben Hafer als den wilden Ginster. Waren sie über die Erde gebraust, so taten tüchtige Generationen das Ihre, die dunklen Spuren aus Feldern und Städten zu tilgen.

Neben den schrecklichen sind auch die großen Epochen der pommerschen Geschichte im Bewußtsein unserer Zeit verblaßt. Allerdings — im großen Spiel der Mächte wechseln die Szenen oft. Räume dramatischer Handlung versinken ins Halbdunkel der Historie, und andere wieder rücken vom Rand des Geschehens in seine Mitte. Die Kräfte, die der skandinavische Norden in das kontinentale

Spannungsfeld warf, sind zur Gegenwart hin immer schwächer geworden. Solange er jedoch in der Geschichte wirkte, wirkte er auch über die pommersche Küste nach Mitteleuropa hinein.

Um die Jahrtausendwende griffen die Wikinger über die Ostsee nach den Ländern an ihren Küsten: es blieb viel mehr von ihren großen Zügen zurück als die Sage von Vineta, der mit all ihrem Reichtum versunkenen Stadt. Die Kraftlinien, die von Pommern ausgingen, durch Pommern liefen, bildeten, verstärkten sich, wanderten aus der Nord=Süd= in die West=Ost=Richtung aus und umgekehrt.

Im ersten Ausgriff war das Christentum kaum über Vorpommern hinausgedrungen. Erst der zweiten Welle der Christianisierung — nachdem Otto von Bamberg das Bistum Wollin gegründet hatte — folgt die der Besiedlung. Weit über das mecklenburgische Vorfeld des Löwen hinaus brandete die christliche Landnahme, die man in viel späterer Zeit fälschlich in eine nationale umzudeuten versucht hat. Vielerart sind die religiösen, die geistigen, die rechtlichen, die wirtschaft= lichen und nicht zuletzt in der Natur und Art der Menschen selbst liegenden Ursachen, welche die aus dem westdeutschen Raume ausgreifende Ostbewegung entstehen ließen und weitertrugen. Was unter Führung und Schutz der Klöster und Orden wuchs und sich kräftigte, entwuchs bald ihrer Vormundschaft, wurde selbst stark genug, Schutz und Führung gewähren zu können. Ein= gesessene Fürsten und Standesherren vergaben Boden und Rechte an die Siedler — was sie für den Wertzuwachs ihres Landes und die Mehrung ihrer Herrschaft taten, trug gute Frucht. Städte entstanden — viele gleichsam am Reißbrett entworfen; bei ihnen zeichnete die Zweckmäßigkeit den Grundriß. Andernorts wieder wurden altwendische Stadtwesen nach Art der westelbischen erweitert und umgestaltet. Für alle galt nunmehr das auf deutsche Vororte bezogene Stadtrecht als Kennzeichen eines städtischen Gemeinwesens.

Das alles vollzog sich vor dem Hintergrund großpolitischer Auseinandersetzungen — der Angriffe polnischer Fürsten bis hin zur Oder, deutscher und dänischer Gegenstöße, bis schließlich Ende des 13. Jahrhunderts das Land endgültig im Verbande des Reiches stand.

Inzwischen hatte der pommersche Stamm sich zu entwickeln begonnen. Zwischen christlichen Herren gab es keine Unterschiede der Herkunft. Es war unwichtig, ob einer dem pommerschen Uradel oder niedersächsischen Edelleuten entstammte. Das Land war weit und es wartete nur darauf, bebaut zu werden.

An der Wende zum 14. Jahrhundert fließen die große und die Landesgeschichte ineinander. Die Entwicklung des Landes tritt hinter der des Reiches, Skandinaviens, des Ostens, schließlich Preußens zurück und spiegelt sich wider. Das gilt in diesen am Nordrande des Reiches gelegenen deutsch=pomeranischen Gebieten auch von den Zeitverhältnissen: auch hier gibt es überlegene Staatskunst neben machtgieriger Despotie in den Herrschaftsformen, patrizische Weisheit neben krämerlicher Gewinnsucht in den Städten, königliches Fahrensmannstum und blutige Seeräuberei auf den Meeren; es gibt Treue und Verrat, Heroisches und Allzumenschliches — nicht anders als in den übrigen Ländern auch, in denen regiert und gelebt, erobert und umfriedet, gestritten und Frieden geschlossen wurde. Man wird darum, wenn man die Zeugen der Geschichte im Bilde von Städten und Dörfern, im Stil der Bauten und in der Lebensweise der Menschen erkennt, immer beides sehen müssen: die großen Linien des geschichtlichen und die bunten Farben des zwischen= menschlichen Lebens.

Zu eigentlich landesfürstlicher Würde kommt das pommersche Herzogshaus so recht unter dem zehnten Bogislaw, in dessen Persönlichkeit die Kräfte wirksam werden, die allenthalben die Wende zur Neuzeit ankündigen. Die Einführung der Reformation, elf Jahre nach seinem Tode auf dem 1534 zu Treptow abgehaltenen Landtage, bestätigte im Grunde nur, was aus der unmittelbaren Beziehung Pommerns zu den für den Protestantismus „reifen" Ländern des Nordens, aus religiösen, politischen und sozialen Entwicklungen heraus bereits vollzogen war. Als protestantisches Land geriet Pommern in die Drangsale des Dreißigjährigen Krieges, den es als Einheit nicht überlebte: Hinterpommern wird 1648 brandenburgisch, Stettin und Teile Vorpommerns kommen erst 1710, der Rest schließlich 1815 von Schweden an Preußen.

Preußen, das ist auch für Pommern die eigentlich prägende Kraft. Dabei ist Hinterpommern auf eine viel deutlichere Art preußisch geworden als das Mecklenburg und dem althanseatischen Kreis näher liegende Vorpommern. Dazu haben fraglos die anderthalb Jahrhunderte, die der Ostteil des Landes früher unter dem Schwarzen Adler lebte, wesentlich beigetragen; denn sie umfassen ein geradezu beispielloses Wiederherstellungswerk nach den Verwüstungen des Dreißigjährigen Krieges. Hinterpommern ist eine der preußischen Stammlandschaften geworden — da gibt es keinen Zweifel. Das bedeutet nun nicht, daß von Schlag an alles „preußisch" geworden sei, wenn man darunter, einer üblen Denkgewohnheit folgend das Einfarbige, Eintönige und Ruppige — eine Welt von Verwaltung und Verwaltetem, von Reglement und Reglementiertem verstehen will. Gerade dem Wechselspiel der Kräfte zwischen dem straffen Staatsgefüge und den eigenständigen Charakteren seiner Provinzen verdankt dieser Staat seine Spannkraft. Er konnte und wollte kein preußisches Volk schaffen und bedurfte seiner auch nicht.

Was Pommern, und hier wieder in besonderem Maße das östlich der Oder gelegene Land, Preußen verdankt, ist, schlicht gesagt, seine Erhaltung. Das Bild der bei aller Kargheit doch so „nahrhaften", behäbigen, wohlgestalteten Provinz, wie wir alle sie noch in Erinnerung haben, ist nicht zuletzt das Werk der preußischen Könige, Friedrichs des Großen und seines gründlichen Vaters, des Soldatenkönigs, der Erfolg des großen „Retablissements". Pommern blieb seine Gegenleistung nicht schuldig: es befreite Preußen aus seiner binnenländischen Enge. Man sollte, will man die maritime Variante des Preußischen — oder umgekehrt den preußischen Einschlag im Hinter= pommerschen nachempfinden, die Swinemünder Kindheitserinnerungen Theodor Fontanes lesen: Alljährlich kommt die „Königin Louise", das Schiff der preußischen Seehandlung, von Übersee zurück; und der Junge spürt etwas von der Verknüpfung mit der weiten Welt, die schon der Große Kurfürst seinem Staat hatte geben wollen. Zu dieser besonderen Atmosphäre der preußisch= pommerschen Küstenstädte trug wesentlich die merkwürdige Mischung von Handelsbürgerlichkeit und Dienstfertigkeit, von Liberalität und Staatsgehorsam bei.

*

Aus mancherlei Mustern, wie ein guter Teppich kräftig und bunt gewirkt, setzt sich also der Streifen Landes zwischen Swinemünde und Leba zusammen. Cammin und Treptow, Belgard und Köslin, Stolp und Lauenburg, mitten darin Kolberg mit dem soliden Klang seines Namens: alle diese Städte stehen nicht nur für sich, sie vertreten auch die Kreise, die ihren Namen trugen, die Land= schaften, deren kultureller und wirtschaftlicher Mittelpunkt sie waren. Jede ist eine kleine Lebens=

welt für sich, jede ein Stück der — oft bei näherem Zuschauen erst — offenbar werdenden Vielfalt. Allerdings — bei näherem Zuschauen! Das gilt für „Land und Leute" — und nicht weniger für diese als für jenes. Welcher Art sind denn nun diese „Leute", welche die hier abgebildeten Land= striche ihre Heimat nennen (und denen dies Stück Pommern bei der deutschen Mitwelt sein von anerkennendem Wohlwollen und von wohlwollendem Spott gezeichnetes Charakterbild verdankt)?

Beim Namen fängt es an: Klingt „Hinterpommern" nicht etwas „hinterwäldlerisch"? Und wer will denn schon in einen solchen Verdacht kommen, in einer Zeit, in der es wesentlich zur Reputation beiträgt, wenn man seinen Wohnort in einer zivilisationsdichten Gegend nachweisen konnte! Und diese Leute wohnen nun zwei bis acht Stunden hinter Berlin (die Umsteigezeiten nicht eingerechnet!). Es ist amüsant, zu verfolgen, wie der gute alte Name „Hinterpommern" langsam von dem farb= loseren „Ostpommern" verdrängt wurde. Vertrug sich etwa die großzügige Modernisierung der Provinz, die seit 1919 plötzlich Grenzland geworden war, nicht mehr mit dem gemütlichen alten Namen? Versprach er nicht, im Gegenteil, mehr Eigentümliches und Unverwechselbares als die nüchterne geographische Lagebezeichnung? Ja, wie steht es denn mit den Hinterpommern selbst, welchen Typ stellen sie dar?

Wer sich für die Siedlungsgeschichte zuständig weiß, wird auf die dreifache Gliederung ganz Pom= merns hinweisen: auf das westliche, vorpommersche Einzugsgebiet der Niedersachsen, das über die Zarowlinie in einem sich ständig verjüngenden Streifen die Küste entlangläuft; auf den nieder= fränkisch=mitteldeutschen Keil, der sich von der Mark aus nach Norden geschoben hat; auf die Westwanderung der Neustämme schließlich in den Ostteil Pommerns hinein — wobei dennoch in vielen Teilen dieses Triptychons die pomeranischen Farben recht kräftig durchschlugen.

Das sollte man wissen; man sollte aber auch begreifen, daß es zu einfach ist, wollte man aus den nieder=, mittel= und ostdeutschen und den westslawischen Ingredienzien den Typ des Hinter= pommern herausdestillieren. Das Gemeinsame im Mannigfaltigen findet sich auch hier; aber dies Gemeinsame ergibt nun nicht eine besondere Spezies Mensch. Es werden so gerne Stammeseigen= schaften in Äußerungen Berühmter und weniger Berühmter zusammengebündelt; sie kommen alle etwa auf dasselbe hinaus. Da heißt es, daß der Pommer treu sei und fromm, beharrlich und eigen= sinnig, grüblerisch und schwerblütig, aber auch ausgelassen und derb — lustig, gefräßig und zu= verlässig. Es ergibt sich, alles in allem, aus solchen Urteilen das Bild eines Volksstammes, dem man es ob seiner Tüchtigkeit schulterklopfend verzeiht, daß er ach so phantasielos und amusisch sei; der mit einem Postminister, drei berühmten Ärzten und vier knurrigen Generalen seinen Beitrag wenn nicht zum deutschen Parnaß, so doch zur Ehrengalerie technischer Begabungen geleistet habe.

Es spricht für den also Charakterisierten, daß er sich über diesen seinen Ruf nie sonderlich erregt hat. Aber spricht das nun wiederum für dessen Richtigkeit?

Wir wollen hier nicht das alte Streitgespräch wiederaufnehmen über Gruppenart und Individualität. Wer unter Pommern gelebt oder gar den besonderen Vorzug hat, Freunde unter ihnen zu haben, wird sich oft an Wesenszügen erfreuen können, die so gar nicht in die vermeintliche Stammes= schablone passen. Sollte wirklich alles, was sich da an geistiger Eleganz, spritzigem Einfall, an künstlerischem Ingenium zeigt, genauso landfremd sein wie die exotischen Gewächse, die eine hohe

Kurverwaltung an einigen Stellen der Kolberger Strandanlagen angepflanzt hat? Nun — man ist eben nicht nur das, was man wegen seines Pommerntums eigentlich sein müßte; man ist es nicht nur, aber man ist es wohl auch, vorder= oder hintergründiger: auf jeden Fall bedeutet das Typisch= Pommersche eine gute Bürgschaft für den, der es hat.

Genug der Worte. Es gibt — wir sagten es schon — mancherlei Art, eine Landschaft und ihre Bewohner zu beschreiben — und keine, die allem und jedem gerecht wird. Das übrige mögen die Bilder tun. Sie zeigen den Küstensaum und führen etwa so weit ins Land, wie der Seewind noch salzig schmeckt. Sie beschränken sich im großen und ganzen auf die Atmosphäre der See= oder seenahen Städte und der fischer=bäuerlichen Lebenswelt. Sie umgehen manches, was wohl noch dazu gehörte, und was, wie etwa die Sitze des hinterpommerschen „Junkertums", einer eigenen Würdigung des Binnenlandes vorbehalten bleiben mag.

Auch zwölf Dutzend Bilder können nicht das ganze Stück Pommern zeigen, um das es hier geht. Und doch gibt jedes einzelne das Pommersche ganz unbestechlich wieder. Jedes ist nicht, aber es enthält das Ganze, und alle zusammen sollen erkennen lassen, daß im ständigen Wechsel des Geschehens auch das Vergangene bestehen bleibt; daß jeder Zustand zugleich ein Übergang ist, der gestrige, der hier abgebildet wird, wie der heutige.

Wenn der Gesichtskreis der Zeitgenossen sich auf das Allzugegenwärtige einengt, ist es gut, sich gerade des Landes mit dem hohen Himmel und den weiten Horizonten zu erinnern.

Karl Heinz Gehrmann

Der hohe Leuchtturm von Osternothafen war einst die Richtmarke an der Swine, wo Usedom und Wollin eng zusammentraten. Heute ist er zum Merkzeichen des willkürlich zerrissenen Landes geworden. — Swinemünde, von Friedrich dem Großen gegründet, wuchs zu einem der größten Seebäder an der süd= lichen Ostsee. Schon Theodor Fontane wußte von dem Schuß Weltoffenheit der Stadt zu berichten. In dem von Lenné geschaffenen Kurpark trafen sich ungezwungen ausgelassene Ferienfreude und heitere Eleganz.

In der Kette der pommerschen Seebäder gleicht keines dem anderen. Misdroy wartet mit besonderen land= schaftlichen Reizen auf: sei es die bewaldete Steil= küste am Kaffee= oder Gosanberg (rechts oben), sei es aber auch der sagenumwobene Jordansee (rechts unten).

Mit gelassener Ruhe schauen Fischer dem munteren Treiben der Badenden und Prominierenden zu. Ihre Väter erinnern sich wohl noch des würdigen Doktor Virchow oder des Postministers Stephan, die sich hier in der guten alten Zeit zu erholen pflegten.

Wollin — Vineta! Es fällt schwer, das behäbige Landstädtchen mit der sagenhaften Pracht der versunkenen Stadt in Verbindung zu bringen. Und doch verbirgt sich hier ein Stück alter Geschichte: das reiche Julin hat in wendisch= wikingischer Zeit hier gelegen, und die Chro= nisten wußten viel von „Jumne am skythischen Sumpfmeer" der Nachwelt zu berichten.

Doch der Ruhm der kleinen Stadt, deren beide Kirchen, St. Nikolaus und St. Georg (unten rechts), ihr ein besonderes Gepräge geben, gründet sich nicht nur auf die graue Vorzeit: zu ihren Söhnen zählt sie Johann Bugenhagen, schlicht genannt „Doktor Pommer". Nie solle jemand uns Pommern den Polen zuordnen, schreibt er in seiner „Pomerania" . . .

Insellandschaft und Fischerhaus in West= dievenow auf Wollin (links und rechts oben).

Ganz der offenen See hin=
gegeben ist die Küste von
Heidebrink und Dievenow.
Vor dem steifen Nordwest
oder Nordost, den die See
hinübertreibt, schützt der
Dünenwall die waldum=
standenen Dörfer. Bis hier=
her reichte auch nicht der
Trubel der großen Welt
— und den Eindruck der
weiten Welt vermittel=
ten die Rauchfahnen der
Schiffe am Horizont.

Östlich der Trendel, der
schmalen Nehrung zwi=
schen dem Camminer Bod=
den und der See, beginnt
die lange Küstenlinie Ost=
pommerns. Hoch auf der
Steilküste ragt der Leucht=
turm von Horst, von des=
sen Höhe der Blick über
die Stranddörfer west=
wärts bis zur Kirchenruine
von Hoff (nächste Seite),
ostwärts bis zur Regamün=
dung, und landeinwärts
die Liebelose entlang über
weite Felder wandert.

Unteres Bild:
Mündung der Liebelose.

Das Meer, das an der Nordseeküste fruchtbares Neuland anschwemmt, reißt hier am Saume der Ostsee Stück für Stück Landes fort. Tief= gelegene Marsch findet sich nur an wenigen Stellen Pommerns — meist reicht die Zone des Waldes oder des Kornes bis dicht an den Strand, und Windmühlen stehen wie Seezeichen weithin sichtbar im flachen Küstenland.

Land und See: Erntetag im hohen Sonnenlicht — und auslaufende Brandung im Schein der sinkenden Sonne. Sinnbild des Vergehens die Kirchenruine am Meer; die Mühle — ein Sinn= bild des schaffenden Lebens, das weitergeht: allezeit wird Korn zu Brot gemahlen werden...

Cammin — seit 1176 bis zur Reformation als Bischofsstadt der geistliche Vorort Pommerns: Der Dom, die Kathedrale Pommerns genannt, geht in seiner Baugesinnung auf dänische Einflüsse zurück — der Turm wurde später hinzugefügt (Bild links). Noch im Stil der Hausteinbauten ist das Fenstermaßwerk des Kreuzgangs gehalten (rechts oben). Im Ausklang der gotischen Zeit entstand die reiche Stuckornamentik des Rathaus-Westgiebels (unten links). Cammin, die türme- und mauerreiche Stadt, eine der besonderen Kostbarkeiten Pommerns, hat auch den letzten Krieg ohne allzu empfindliche Schäden überstanden.

Im Kranz der malerischen Städte Ostpommerns hat Greifenberg den Charakter romantischer Beschaulichkeit. Das hohe Schiff der im 14. und 15. Jahrhundert erbauten Marienkirche (unten), eine der für Ostpommern so bezeichnenden Hallenkirchen, gibt der Stadt eine Silhouette, die sie den berühmteren hansestädtischen Schwestern ähnlich macht. Der gedrungene und doch zierlich aufgelöste Turm verrät die gleiche Baugesinnung wie der Greifswalder Marienturm.

Fast süddeutsch wirkt das verputzte Steintor (links).

Ein restlicher Zeuge der mittelalterlichen Stadt=
befestigung ist der Pulverturm (unten links),
der sich als Zeichen altbürgerlicher Wehr=
haftigkeit über den Häusern eines friedfertigen
Kleinstädtertums erhebt. Geborgen im Schutze
preußischer Rechtsstaatlichkeit — Sinnbild
dafür das neue Portal des Amtsgerichts mit
dem Emblem — durchlebte die alte Stadt drei=
hundert Jahre der brandenburg=preußischen
Geschichte Hinterpommerns.

Unten rechts: Blick über das Wehr auf den
Chor der Marienkirche mit seinem (neueren)
Ziergiebel.

Ein gutes Stück regaabwärts von Greifenberg liegt, schon im Banne der nicht mehr fernen Küste, die Schwesternstadt Treptow. Das weite Viereck des Marktes, typisch für den Grundriß der Kolonisationsstädte, ist besonders hier auf eine reizvolle Weise aufgelockert. Die vier preußische Morgen große Fläche wird von dem 1701 in schlichtem norddeutschem Barock er= bauten Rathause kunstvoll gegliedert.

Die Stadt hat ihren Schatz an schönen alten Bürgerhäusern wohl zu pflegen gewußt. Das

geschäftige Treiben am Markt spielte sich zu Füßen der sachkundig restaurierten und in heiteren Farben leuchtenden Giebelhäuser ab.

Würdig vom Markte abgerückt, auch, wie üblich, quer zur Fluchtlinie der Straßen gestellt, die Marienkirche. Aus den Resten der über= wachsenen Stadtmauer wächst der Grützturm (rechts) empor, um dessen Namen sich eine alte Geschichte rankt, die an die längst begrabene Rivalität der beiden Regastädte Greifenberg und Treptow erinnert.

Von Künstlern und ande=
ren eigenen Leuten, die
sich in den intimeren
Küstenorten heimisch fühl=
ten, berichtet die amüsante
Badechronik von Deep.
Die Landschaft von der
Regamündung (links oben)
bis zum Kamper See (des=
sen Mündung ins Meer das
Bild links unten zeigt)
hatte, ebenso wie die
Bauern= und Fischerhäuser,
ihre Urwüchsigkeit be=
wahrt.

Das Fischerdorf Kamp
(rechte Seite) war, schwer
zugänglich inmitten seiner
sumpfigen Umgebung ge=
legen, mit seinen strohge=
deckten niedersächsischen
Fachwerkhäusern ein ein=
zigartiges Baudenkmal.

Erst nach dem Einzug der
Roten Armee wurde seine
vielhundertjährige Schön=
heit für immer zerstört.

Kolberg — ein Stadtname, der zum Symbol geworden ist: hier haben Mut und Opfersinn des Bürgertums geschichtlichen Rang erhalten. Die großen Erinnerungen der Vergangenheit verschmolzen auf glückliche Art mit den schönen Dingen des Lebens. Aus dem reizvollen Miteinander von See, Wäldern und üppigen Feldern, aus dem Gewirr der Altstadthäuser wuchs eines der gewaltigsten Backsteinbauwerke auf: der Mariendom (nächste Seite). Der souveränen Kraft des Bauwerks entspricht sein Innenraum: acht mächtige Pfeiler trugen das Kreuzgewölbe des hohen Mittelschiffs. Die 72 Gewölbefresken haben fast alle die Verwüstungen der Kriege und Belagerungen überstanden — bis auch sie dem Jahre des Unheils 1945 der Kriegsfurie zum Opfer fielen. —

Das „Strandschloß" am sonnenreichsten Strand Deutschlands (linkes Bild). An der Mole und der Lotsenstation vorbei fahren die Fischerkutter zum Fang hinaus — ziehen die Fährschiffe und Dampfer hafenwärts — schwingt sich die Persante im großen Bogen an die Stadt heran (Bilder rechte Seite).

Gewaltig aus der Nähe und als Markzeichen von See her, hatte der Dom= turm im Stadtbild aus manchen Blickrichtungen fast etwas Zierliches: das lag vor allem daran, daß die imposante Turmfassade nur von einem dachreiter= ähnlichen schmalen Helm gekrönt war. Ostgiebel und Chor bildeten den er= habenen Hintergrund für die hellen Giebelhäuser des Marktes, an dem — mit der Gedenktafel im Barockgiebel — das Nettel= beckhaus stand.

Blick von den Anlagen zum Dom — und über die Dächer des neuen Stadt= teils (linke Seite).

Das meistgezeigte — aber nicht einzige Kleinod der Stadt: das Merkurhaus in der Baustraße. — Eine Par= tie aus dem „Klein=Vene= dig" Kolbergs. — Das Net= telbeck = Gneisenau = Denk= mal. — Das nach Entwürfen Schinkels erbaute neugoti= sche Rathaus, davor das Denkmal Friedrich Wil= helms IV. von Drake (rechte Seite).

Aus einem Brief
(zu den Bildern auf die=
ser und den beiden fol=
genden Seiten)

Erinnerst du dich des In=
einanderspielens der viel=
fältigen Reize dieser Stadt?
Der Spaziergänge aus der
Altstadt hinaus, durch die
Münderstraße, zum Kaiser=
platz mit seiner glitzern=
den Fontäne, der Wege von
der Waldenfelsschanze hin
zur Maikuhle? Denkst du
an die heitere Eleganz der
Kuranlagen, die blühende
Pracht des Rosengartens —
an die Strandschloßplatte
mit der sommerlichen
„Lästerallee"? Denk zurück
an den Seesteg, an die Ost=
mole bei Sturm, wenn der
Gischt weit über den Mo=
lenkopf sprüht. Hörst du
noch das Tuckern der
heimkehrenden Kutter, das
Tuten des Nebelhorns —
oder auch das Knarren der
Pontonbrücke, wenn wir
über die Persante hinüber
zum Fischereihafen gingen?
Und siehst du noch vom
Dünenweg am Maikuhlen=
strand aus die Sonne im
Meer untergehen? Damals
ging wohl noch manch ein
Strandwanderer durch die
Dämmerung — ritt ein ein=

samer Reiter in den Abend. Heute ist das Strandleben weitgehend verödet — nur zögernd beginnt aus den Trümmern der Stadt ein anderes Kolberg zu entstehen. Doch der immer noch mächtig wirkende Stumpf des Domturms ragt in den pommerschen Himmel, ein Zeichen für die Schiffer auf See, ein Mahnmal an den Opferkampf im März 1945, ein Inbegriff für die Geschichte dieser Stadt, die noch nicht zu Ende ge= schrieben ist.

Am Zusammenfluß von Persante und der — im oberen Bilde recht ungebärdigen — Radue liegt Körlin. Das Städtchen gab mit Kolberg zusammen dem Landkreis seinen Namen; einem Kreis, der sich durch die Wohlhabenheit seiner Dörfer und die Behäbigkeit seiner Höfe auszeichnete. Beim Dorf Lassene lag auch das „Rote Schloß", der Stammsitz der altpommerschen Kamekes.

Belgard — in der Kette der einander so ähnlichen und doch nie verwechselbaren pommerschen Städte eine der ausgeprägtesten — hat die Katastrophe von 1945 fast unversehrt überstanden. Das Luftbild zeigt wiederum den bezeichnenden Grundriß: den großen, fast quadratischen Marktplatz, die in Richtung zu ihm diagonale Stellung der Kirche — und (wie das obere Bild) die Kirche selbst: auch hier wieder den mächtigen, wenig gegliederten Unterbau des Turmes mit seiner monumentalen Wirkung; dazu, in reizvollem Gegensatz, die fast zierliche barocke Haube.

Spiel der künstlerischen Vielfalt: dem schlich=
ten Massiv des Kirchturms steht der für den
Backsteinbau fast zarte Blendenschmuck des
Hohen Tores gegenüber (linkes Bild).

Das alte Rathaus (links unten), ein würdiger
Vorgänger des nachempfunden gebauten neuen
(vorige Seite, neben der Kirche).

Die Atmosphäre friedlicher, ein wenig eigen=
sinniger, aber nie weltverschlossener Beschau=
lichkeit der ostpommerschen Gemeinwesen
spiegelt sich in den Bildern unten und rechts:
sie zeigen den Eingang zum Ratskeller und
einen Anlagenweg nächst der Kirche.

Pommernland — Küstenland: von Ahrenshoop auf dem Darß bis zum Grenzflüßchen Piasnitz im Osten hat der Ufersaum eine Länge von über 500 Kilometern, wobei die inselreiche, zer=buchtete und gekerbte Küste Vorpommerns in die meist gestreckte Hinterpommerns übergeht. So ist denn auch der Fischer zum Inbegriff dieser Stammeslandschaft geworden, obschon (1940) nur gut 7000 Menschen hauptberuflich in der Fischerei arbeiteten. Der Ertrag ihrer Arbeit war aber so hoch, daß Pommern mit weit über der Hälfte am Fangergebnis der deutschen Ostseefischerei beteiligt war.

Henkenhagen und Funken=
hagen, Sorenbohm und
Bauerhufen und schließlich
Großmöllen auf der Neh=
rung des Jamunder Sees:
Bauern=Fischer=Dörfer mit
blitzsauberen Höfen, tief=
grünen Weiden und gel=
ben Kornfeldern, aber auch
erfüllt vom Tang= und
Teergeruch der im Seewind
trocknenden Netze; gefaßt
in die immer wiederkeh=
renden und doch immer
aufs neue beglückenden

Motive dieser Landschaft: Dünen mit wehendem Schilfgras, einem weißen Strand, der das Licht fängt und tausendfach zurückstrahlt, und weit in die grüne Brandung hinausgebauten Buhnen. Landeinwärts, fast ohne Übergang, die Wege mit den schwingenden Bir=ken, Wege mit den tief eingemahlenen Wagenfurchen, von denen her man noch das Geräusch der Räder zu hören meint — windgezaustes Geäst am Dorfrand und üppige Kronen alter Kastanien zwischen den Häusern. All dies waren Bilder der Lebenslandschaft, die sich auch im Wesen ihrer Menschen ausdrückte. Sie waren sparsam im Ausdruck, aber nicht wortkarg;

nüchtern, und doch nicht ohne Sinn für das Ge=
fällige; ernst, aber nicht verdrossen; auf sich
gestellt, aber nicht ungesellig; abwartend, aber
nicht abweisend. Es waren Menschen des Mee=
res und des Landes, seekundig und bodenstän=
dig. Sie sonderten sich nicht bewußt ab, wenn
im Sommer von Köslin aus der Zug der Bade=
gäste von ihren Dörfern Besitz nahm. Aber sie
waren in ihrer Art nicht angefochten, wenn er
sich im Herbst wieder verflog.

Zu den Bildern auf den beiden vorangehenden
Seiten in fortlaufender Reihenfolge:

Großmöllen=Nest, Fischerhaus in den Dünen —
Badestrand bei Henkenhagen — Bauernhaus im
Seewind.
Sorenbohm, Birkenweg zum Strand —
Der Leuchtturm von Funkenhagen.

Linke und rechte Seite: Dünen= und Dorfbilder
von Bauerhufen.

Köslin konnte den Ruf einer repräsentativen und einer modernen Stadt für sich in Anspruch nehmen. Zu jenem berechtigte sie ihre Eigenschaft als Regierungshauptstadt; zu diesem der Umstand, daß sie nach dem großen Brande von 1718 durch den Soldatenkönig neu aufgebaut wurde. Den Verlust des geschlossenen mittelalterlichen Stadtkerns glich sie durch die bestimmte Atmosphäre preußisch=pommerschen Stils aus. Der sachlichen Neuanlage kam der gradlinige Grundriß der alten Stadt entgegen.

Die Bilder:

Linke Seite: Marienkirche und Stadtkern. — Rechte Seite: Winkel in der Mauerstraße — Die Schloßkirche — Der Schloßteich mit seinen großzügigen Anlagen.

So bot Köslin das Bild einer strebsamen Beamten=stadt, mit großzügig ge=pflegten Anlagen, streng gegliederten und, wie die Regierung, dem Stil des Landes angemessenen staatlichen Gebäuden, ge=raden und breiten Straßen, aber auch noch malerischen, mittelalterlich=verwinkel=ten Gäßchen, der gotischen, aus dem 15. Jahrhundert stammenden Marienkirche, der zierlichen Schloßkirche. Das Ganze war durchpulst von buntem, rührigem Le=ben: wer vergißt je den Anblick des Marktplatzes, wenn die Bauern Gemüse, Kartoffeln und Obst, Eier und die landesberühmten Martini=Gänse feilboten!

Die Bilder von oben nach unten:

Regierungsgebäude — Hin=denburgplatz mit Post=direktion — Blick in die Neutorstraße mit der Pom=merschen Bank.

Gesegnet ist das Land um Köslin: hier gedie=
hen — neben der „allpommerschen" Kartoffel
— Weizen und Zuckerrüben, hier gab es die
bekannte Saatzucht. Besonders im Norden des
Kreises ist der Boden schwer und gut — er wird
nicht wie die leichteren Böden von den Früh=
jahrs= und Herbststürmen fortgetragen. Wie
ein kleines Mittelgebirge wächst aus der Kü=
stenlandschaft der „Gipfel" des 137 Meter
hohen Gollen, mit dem nach einem Entwurf
von Schinkel errichteten Gollenkreuz (Bild
unten).

Das obere Bild: Sommertag mit einer Mühle
im Kösliner Land.

Je weiter nach Osten, je größer, unberührter und einsamer wird das Küstenland Pommerns. Einzigartige Landschaftsbilder entstehen aus dem nahen Beieinander von Meer und großflächigen Binnenseen, wie etwa bei Jamund (Bild unten).

Sturmgepreßte Kiefern und unter hohen Laubkronen geborgene Höfe — weite, hartgezeichnete Horizonte unter hohem Himmel: hier ist das Land, in dem Norden und Osten ineinander übergehen. Das Niedersachsenhaus (links oben) liegt im Dorf Laase am Jamunder See. Der massige, schindelgedeckte Kirchturm von Wusseken (Bild unten) — ein Merkzeichen der Heimat — ragt nur wenig aus den Bäumen hervor.

Aller Landschaften Hintergrund ist das Meer — Brandung und Wellenbrecher sind Zeugen seiner Kraft, aber auch des Behauptungswillens des Menschen im pommerschen Küstenland.

Wo sich, noch weiter im Osten, die Silhouette der kleinen Hafenstadt Rügen= walde aus der Horizontlinie erhebt, trifft der Wanderer plötzlich auf den Schau= platz tragischer großer Ge= schichte. Rügenwalde war der Alterssitz eines einsa= men, aus seinem Reiche vertriebenen Königs: Erichs von Pommern, des Herr= schers über die skandina= vische Union. Viele andere pommersche Herrscherna= men sind ferner mit Rügen= walde verbunden — nicht zuletzt der Bogislaws X.

Heute noch blickt die behä= bige Marienkirche über das Rathaus am Markt (Bild oben), ragt der ernste Bau des Herzogschlosses über dem Ufer der Wipper (mittleres Bild). Der dama= lige Kronprinz Wilhelm war es, der sich dem Ab= bruch des Schlosses in den dreißiger Jahren des vori= gen Jahrhunderts wider= setzte: so überstand es auch die Katastrophen un= serer Zeit.

Bild links: Hafen und Mole.

Die reiche Barockkanzel der Gertrauden=
kapelle aus dem Anfang des 17. Jahr=
hunderts (oberes Bild), eines der Zeug=
nisse der kunstsinnigen Geschichte der
Stadt. Zu ihnen gehören auch der be=
rühmte Silberaltar und Gemälde von
Lucas Cranach in der Marienkirche.

Unten: Lange Straße mit Steintor — Bild
einer friedlichen Ostpommernstadt.

Schlawe ist der Mittel=
punkt einer an Übergän=
gen und Gegensätzen be=
sonders reichen Landschaft:
nach Süden, gegen den
pommerschen Landrücken
zu, liegt der Hochwald mit
seinen romantischen
Schluchten, dehnen sich
Heideflächen und der lang=
gestreckte Papenziner See;
nach Norden, der Küste zu,
geht sie in das „Rügen=
walder Amt" über, mit
seinen saftigen Wiesen,
seinen Weizenfeldern,
Pferdekoppeln und Gänse=
herden.

Oberes und mittleres Bild:
Schlawe, Blick auf die Stadt
und den Marktplatz.

Überall ist der Atem der
See spürbar, finden sich die
gleichen Motive in immer
wechselnden Bildern der
Küste: Leuchttürme, Hafen=
molen, Dünengras und
Kiefern vor der Brandung.

Oben rechts: Der Leucht=
turm von Jershöft.

Unten
linke und rechte Seite:
Hafen= und Strandland=
schaft bei Stolpmünde.

Im Osten der Provinz beginnt der Bezirk der Wanderdünen. Sie geben das Erlebnis erhabener Verlassen=
heit. Es ist derselbe Seewind, der den Sand der Düne bei Saleske in die Wälder treibt und durch die Birken
am Feldweg weht.

Stolps Straßen gewähren Durchblicke auf Bauten seiner handels= und hansestädtischen Zeit: durch die Neutorgasse auf das Neutor (oben links), auf die Haubenspitze der Marien= kirche (unten links) oder den zarten, unten vier=, oben achteckigen Turm der Schloßkirche (unten rechts). Behäbig und rührig zugleich ist Stolp bis in unsere Zeit hinein geblieben. Vor Jahrzehnten schon lebte es vom Getreide= und Holzhandel, vom Umschlag wichtiger Lebens= güter. Dann kamen Bernsteinkunsthandwerk und =handel hinzu, und schließlich entwickelte sich eine kräftige Holz= und Papierindustrie neben der Verarbeitung landwirtschaftlicher Erzeugnisse.

Bis zum letzten Krieg be=
hielt Stolp seine typische
Atmosphäre. An sie erin=
nert der Schloßgarten am
ehemaligen Herzogsschloß
(oben); in Munds Hotel
am Markt (mittleres Bild)
fanden sich Bürger und
Adel, Handelsleute und
Besitzer der Rittergüter des
größten preußischen Krei=
ses abendlich zusammen.

Am Stephanplatz (genannt
nach dem großen Sohn der
Stadt) prunkte das neugo=
tische Rathaus. Der eigent=
liche Stil der Profanbauten
aber wurde ursprünglich
in der Zeit des Übergangs
vom herben norddeutschen
Spätbarock zum schlichten
preußischen Klassizismus
geprägt, wie er etwa im In=
validenhaus oder dem ehe=
maligen Kadettenhaus sei=
nen Ausdruck fand.

In liebenswürdiger Über=
treibung und mit einem
Schuß gut pommerschen
Selbstspottes wurde Stolp
gern das „Klein=Paris"
Hinterpommerns genannt:
die freundliche Partie an
der Stolpe (links) läßt
mehr die idyllischen als
die regsamen Wesenszüge
der Stadt erkennen.

Wenn auch die Ruinen des
letzten Krieges — das Müh=
lentor und die Schloßkirche
— wiederhergestellt, Indu=
strie und Handel neu auf=
gebaut werden können:
das typische Stolpische in
der Atmosphäre bleibt nur
in der Erinnerung leben=
dig. —

In Lauenburg und dem
nordöstlichen Kreis der
Provinz schneiden sich
pommersche und Deutsch=
ordensgeschichte: der Stu=
fengiebel der Jakobikirche
weist bereits auf ordens=
preußische Bauformen
(rechte Seite).

Brückenpfeiler, nicht Grenz=
stadt zu sein, war Lauen=
burgs Aufgabe: inmitten
einer vom allgemeinen
Verkehr noch wenig er=
schlossenen Landschaft ge=
legen, wurde es zur Pflege=
statt deutscher Kultur= und
Bildungsarbeit durch seine
Hochschule für Lehrerbil=
dung (mittleres Bild). Auch
andere neuere Bauten, wie
das Amtsgericht an der
Leba (unten), gehörten
zum Stadtbild, ebenso wie
das Ordensschloß oder der
malerische Winkel am
Efeuturm (linke Seite).

Bei Lauenburg beginnt das von vielen als der wohl schönste Teil der pommerschen Heimat empfundene Blaue Ländchen; zwischen Leba= und Sabsker See liegt das Dorf Leba mit sei= nem Fischereihafen: in der Einsamkeit des „letzten Strandes", in der motivreichen Wahl= heimat Max Pechsteins, rund um das Mün= dungsgebiet des Lebaflusses.

Zwischen See und Meer zieht der Weg hinüber zur Lonsker Düne, hoch türmt sich der weiße Sand im ständigen Angriff gegen die Kiefern an der Küste. Unvergeßlich ist der Blick vom Dünenrücken auf die stahlblaue See mit ihren kleinen weißen Schaumkronen; ost= und west= wärts streckt sich der schmale Streifen der Nehrung, und landwärts versinkt in der blauen Dämmerung das Land hinter dem Ufersaum.

Im Wechsel der Motive: Segelflieger nach dem Start und heimkehrende Fischer — dazu die bizarren Formen der winterlich vereisten Mole von Leba.

Menschen im Küstenland: ob es Fischer sind beim Netzetrocknen oder nach der Rück=
kehr vom glücklichen Fang, ob es der Schäfer ist mit seiner Herde auf dem Stoppel=
acker oder der Bauer hinter dem Pflug: so verschieden auch die Bilder des Menschen
und seiner Arbeit sein mögen — zusammen sind sie doch Zeugnisse des Lebens im
pommerschen Land...

*Das Leben kommt und vergeht; was bleibt, ist der hohe Himmel über dem Land,
die weiten Horizonte und die ewige Brandung der See.*